NOTICE

HISTORIQUE ET BIOGRAPHIQUE,

OU

ÉLOGE

DE Mgr PIERRE-MARIN ROUPH DE VARICOURT,

ÉVÊQUE D'ORLÉANS.

NOTICE

HISTORIQUE ET BIOGRAPHIQUE,

OU

ÉLOGE

DE Mgr. PIERRE-MARIN ROUPH DE VARICOURT,

DÉCÉDÉ ÉVÊQUE D'ORLÉANS, LE 9 NOVEMBRE 1822, ET MEMBRE HONORAIRE DE LA SOCIÉTÉ ROYALE DES SCIENCES, BELLES-LETTRES ET ARTS DE CETTE VILLE,

LU DANS LA SÉANCE PUBLIQUE DU 29 AOUT 1823;

PRÉSENTÉ

A S. A. R. MADAME, DUCHESSE D'ANGOULÊME,

PAR M. BOSCHERON-DESPORTES,

PRÉSIDENT HONORAIRE A LA COUR ROYALE D'ORLÉANS, ET MEMBRE TITULAIRE DE LA SOCIÉTÉ ROYALE.

A PARIS,

CHEZ PILLET AINÉ, IMPRIMEUR-LIBRAIRE, RUE CHRISTINE;
ET COLNET, LIBRAIRE, QUAI MALAQUAIS, N°. 9;

ET A ORLÉANS,

CHEZ MONCEAU, LIBRAIRE, RUE DESCURE.

1823.

A S. A. R. MADAME,

DUCHESSE D'ANGOULÊME.

Madame,

Lorsque Votre Altesse Royale honora dernièrement la ville d'Orléans de son auguste présence, elle eut la bonté de prendre part à nos douleurs, en nous parlant, avec la plus touchante sensibilité, du *grand évêque que nous venions de perdre.* Ce mot à lui seul est un éloge tout entier; il est resté dans les cœurs orléanais; il a inspiré le faible essai que j'ai désiré mettre sous la protection de Madame. En célébrant le nom de Varicourt, qui sera désormais aussi glorieux dans l'épiscopat qu'il l'était déjà dans la garde du trône, j'aurais voulu rendre mes expressions plus dignes du sujet, plus dignes des senti-mens généreux de Votre Altesse Royale. Je n'ai point ambitionné un vain succès littéraire ; mais j'attacherais un prix in-fini au bonheur que j'obtiendrais , si Madame daignait accueillir avec quelque bienveillance l'hommage que j'ose lui présenter aujourd'hui.

Je suis, avec le plus profond respect,

De Madame ,

Le très humble, très obéissant et très dévoué serviteur,

Le P'. BOSCHERON-DESPORTES.

ÉLOGE

DE MGR. DE VARICOURT,

ÉVÊQUE D'ORLÉANS.

Messieurs,

C'est un usage, souvent de pure convenance, dans chaque société savante, de payer
un tribut d'éloge à la mémoire de ceux dont
les noms ont paru sur la liste de ses membres;
c'est un devoir honorable, lorsque leur perte
a été aussi le sujet de la douleur générale. A
ce double titre, qui mieux que M. l'Evêque
d'Orléans a mérité l'hommage de vos regrets?
Vous en avez jugé ainsi, et vous avez chargé
votre section de littérature d'être l'interprète
de vos sentimens, en vous retraçant une image
déjà consacrée par la vénération publique, et
désormais inséparable de vos affections les
plus chères. Daignez, Messieurs, soutenir ses
efforts de toute votre bienveillance; si elle n'atteint pas à vos yeux la perfection du modèle,
puisse-t-elle, du moins, être assez heureuse

pour rappeler dans vos cœurs quelques traits d'une fidèle ressemblance!

Pierre-Marin Rouph de Varicourt était né à Gex, le 9 mai 1755; sa famille, anglaise d'origine, transportée en Savoie, et depuis en France, avait embrassé les doctrines de Calvin. Le bisaïeul de M. l'évêque d'Orléans rentra dans le sein de l'église catholique; son aïeul était officier dans le régiment de Quercy, et fut blessé au siége de Turin, en 1706; son père, Marin-Etienne, servit dans les gardes-du-corps, se retira du service avec le grade de lieutenant-colonel de cavalerie, la croix de Saint-Louis, et mourut en novembre 1779.

La famille de Varicourt, alliée à ce que la province avait de plus distingué (1), jouissait d'une haute considération, et d'une fortune médiocre. Dix enfans (2) vivaient sous le toit paternel, lorsque la mort les priva d'un père, qui était leur amour et tout leur appui. Pierre-Marin, l'aîné de tous, recueillit la plus grande part de cette succession, suivant la loi du pays, en vigueur alors, qui transférait au premier né des mâles la fortune, l'autorité, et toutes les charges d'un autre père de famille.

Le jeune de Varicourt, destiné d'abord à la carrière militaire, s'était déterminé, par une vocation particulière, à embrasser l'état ecclésiastique. Ce caractère sacré ajoutait à son droit d'aînesse un respect, une confiance dont il n'usa jamais que pour le bonheur de ceux dont la nature et la loi lui avaient déféré la tutelle.

Le château de Ferney n'étant pas éloigné de l'habitation de la famille de Varicourt, Voltaire s'honora de la connaissance d'un gentilhomme considéré dans toute la province, et voulut rendre des services à ses enfans (3); mais les vertus du jeune ecclésiastique, ses talens, son caractère, secondés par l'extérieur le plus aimable, firent plus encore pour sa fortune, et le conduisirent rapidement à un avancement justement mérité.

En sortant du séminaire de Saint-Sulpice, où ses études avaient été dirigées par le célèbre abbé Emery, son parent, il obtint un canonicat dans le chapitre de Genève, dont l'évêque résidait à Annecy. Peu de temps après, il fut nommé official dans la partie du diocèse située en France; enfin il devint doyen et curé de Gex. Ce modeste bénéfice convenait au zèle ardent dont il était animé pour le bonheur spirituel de ses paroissiens; il satisfaisait une noble ambition qui le mettait à même de répandre chaque jour des bienfaits sur ses compatriotes; il ne l'éloignait pas de sa famille, dont il était le tuteur nécessaire; il le laissait auprès des cendres de son père, dont la mémoire fut toujours l'objet de son culte, et lui arrachait encore des larmes dans les derniers momens de sa vie.

M. de Varicourt fut nommé en 1789 député de son ordre aux états-généraux. Sa conduite dans l'assemblée constituante ne fut pas équivoque; il y soutint constamment les saines doctrines religieuses et les intérêts du trône légitime. On voit le nom du curé de Gex dans toutes les occasions solennelles et périlleuses; son courage y fut mis souvent à l'épreuve, et toujours sa conduite fut celle de l'honneur et le modèle de la fermeté (4).

Des douleurs plus amères lui étaient destinées dans le cours de cette funeste législature. Il avait deux frères servant dans les gardes-du-corps; l'un d'eux, François de Varicourt, fut, dans la nuit du 5 au 6 octobre 1789, égorgé presque sur le seuil des appartemens de la Reine, dont il contribua à sauver les jours. Le député et toute la famille demandèrent justice (5), mais la Providence permit que le crime triomphât; de plus grands forfaits obtinrent encore, par la suite, une aussi déplorable impunité.

Le curé de Gex avait refusé de prêter le serment constitutionnel ; il fut dépouillé de son bénéfice, malgré les réclamations les plus vives, les plus touchantes, de ses fidèles paroissiens (6). Après la clôture de l'assemblée constituante, il se montra un moment à Gex ; mais la rage des révolutionnaires l'y poursuivit, et l'obligea d'en sortir. Il revint à Paris, et s'y trouva au moment des massacres de septembre 1792, auxquels il n'échappa qu'avec la plus grande peine. Dès-lors il se résigna, et prévint l'exécution du décret de déportation contre les prêtres insermentés, en passant en Angleterre. Au bout de sept mois il revint sur le continent, traversa les Pays-Bas, la Suisse, et s'arrêta plus long-temps dans le pays de Vaud, sur les limites de son ancien diocèse. A cette époque, qui était celle du 9 thermidor, un jour plus pur sembla luire sur la France, et le curé de Gex y fut trompé, comme tant d'autres compagnons de son infortune. Il accourt, agité, rempli d'espoir, dévoré du zèle de la maison du Seigneur, dont il est le ministre, embrasé de l'amour de la patrie, qui est aussi une religion pour les âmes généreuses; errant sur la terre d'exil, comme le lévite parmi les tribus captives au bord de l'Euphrate, chaque jour son œil inquiet, avide, découvre les murailles de Sion, le toit du temple révéré, le berceau de sa famille, le tombeau de son père. Il ne résiste point à tant de sentimens tumultueux qui se pressent dans son sein; la barrière dangereuse est franchie; déjà il est reçu dans l'enceinte de Gex; déjà il a pénétré jusqu'au sanctuaire; il embrasse la *corne* de l'autel.... Mais l'autel n'est plus un refuge assuré; le volcan révolutionnaire n'est point éteint, et la terre natale, comme une mère déchirée dans ses propres entrailles, repousse encore des enfans qui veulent s'attacher à son sein.

M. de Varicourt fuit de nouveau; il traverse la Savoie, habite successivement Turin, Milan, et se trouve à Venise lors de l'élection du pape Pie VII, qui l'accueille avec la plus grande distinction, et l'emmène à Rome. Bientôt le concordat de 1801 r'ouvrit les églises de France, et leur rendit des pasteurs légitimes. Le curé de Gex ne fut pas le dernier à reprendre les liens de son épouse spirituelle. Nous n'essaierons pas, Messieurs, de vous peindre les transports de l'allégresse publique

que fit éclater une réunion achetée par tant
de larmes et de sacrifices. Le retour d'un tendre père au milieu de ses enfans, les bénédictions d'un ministre révéré, qui vient répandre
les grâces du ciel sur une terre désolée, peuvent seuls en donner l'idée, et suppléer à la
faiblesse de nos expressions.

Les vertus de M. de Varicourt n'échappè-
rent point aux recherches et aux sollicitations
du gouvernement consulaire. On lui offrit un
évêché; mais ce n'était point dans les premiers
momens d'une réunion si désirée, si douce,
si solennelle; ce n'était pas au nom d'un gouvernement si opposé aux sentimens de M. de
Varicourt, que de telles offres pouvaient
être acceptées. Il préféra la modeste étole
du pasteur de Gex à tout l'éclat de la mître;
il resta pur, intact, ignoré, mais respecté et
chéri.

La Providence, par la suite, donna plus
d'étendue à ses bienfaits, en relevant le trône
des Bourbons; le curé de Gex fut nommé
pour aller porter aux pieds du Roi les félici-
tations et les hommages des peuples.

A peine le concordat de 1817 put-il recevoir son exécution, qu'on nomma M. de Varicourt à l'évêché d'Orléans. Cette faveur,

qu'il n'avait point sollicitée, lui parut une véritable calamité. Cependant les circonstances n'étaient plus les mêmes; la puissance civile, qui l'appelait à cette place, avait tous les droits, toute l'autorité qui inspirent le respect et commandent l'obéissance; il hésita encore. Ah! Messieurs, n'en soyons point étonnés : une habitude de près de quarante années, des liens si intimes, si vertueux, ne se défont pas sans de violens efforts. Il connaissait tout ce qu'il allait perdre; il ne savait pas encore combien vos cœurs étaient dignes de le posséder.

Enfin, les affections humaines ont cédé aux grands intérêts de la religion. Désormais, ce digne prélat nous appartient tout entier; dès-lors nous pûmes admirer ce rare assemblage des vertus les plus pures et des qualités les plus aimables, qui devait nous donner quelques jours de bonheur et un siècle de regrets. En le voyant, même pour la première fois, nous conçûmes cet attachement prodigieux, indéfinissable, qu'inspirait toute sa personne. Une taille majestueuse, une physionomie noble, pleine de sensibilité et de candeur; un organe doux et sonore; un abandon, un naturel parfait dans toutes ses manières; tout lui donnait un ascendant qui aurait triomphe de toutes les résistances; tout opérait autour de lui un entraînement auquel on aimait à céder. Ne vous semble-t-il pas, Messieurs, le voir encore au milieu de nos cérémonies religieuses, élevant sa tête vénérable au-dessus de tout le cortége qui l'entourait, fixant tous les regards, et ajoutant par sa présence aux grandeurs de la solennité? Revenus avec lui au pied des autels, avec quel respect nous partagions ce profond recueillement qui régnait dans toute sa personne! Quelle onction pénétrante animait l'accent de ses prières! Qu'il était imposant et sublime en appelant les bénédictions célestes sur tous les fidèles prosternés autour de son trône! Notre pensée se reportait soudain à ces temps antiques, dont les traces glorieuses n'existent plus que dans les annales de l'histoire. Ce n'était plus le simple curé de Gex qui était sous nos yeux, c'était le digne successeur, la vivante image des Athanase, des Ambroise, qui ramenait parmi nous toute la pureté du sacerdoce, et toute la splendeur de l'épiscopat sous la primitive église.

La dignité de l'évêque n'effaçait pas, dans M. de Varicourt, les traits de l'homme aimable dans le commerce ordinaire de la vie. A des connaissances essentielles qui sont le fruit d'une éducation grave et sérieuse, il joignait tous les agrémens que donnent le goût des convenances et les habitudes d'un monde élevé et poli. Sa conversation était spirituelle sans afféterie, son ton affectueux sans adulation, ses réparties vives, obligeantes, fines et souvent enjouées, sans déroger à la gravité de son état. Il en sortait toujours un mot dont on était ému ou flatté (7). Ses communications étaient toujours celles de la plus intime confiance, de la plus tendre amitié. Et qui de nous, Messieurs, n'en a pas fait la douce épreuve? L'attrait qu'il inspirait nous appelait sans cesse auprès de lui. Qui de vous lui fut jamais importun au milieu des soins multipliés dont il était environné? Loin de le troubler même dans ses délassemens les plus innocens, ne sembliez-vous pas, au contraire, être toujours la personne qu'il attendait, qu'il désirait, au moment où vous veniez le trouver? Votre affaire la plus importante, votre intérêt le plus cher étaient aussitôt présens à sa pensée. Il s'identifiait avec vos peines, il fortifiait vos espérances; et soit qu'il donnât un avis, soit qu'il offrît une consolation, sa prévenance, sa sollicitude n'étaient point une vaine formule, mais l'effusion pure d'un sentiment vif, profond, sincère; c'était l'inspiration du cœur, qu'on ne saurait jamais feindre, et qui peut à peine être définie.

Ce serait toutefois une grande injustice envers l'ombre de M. de Varicourt, que de voir seulement en lui l'application à obtenir des suffrages, et le talent de se faire aimer. Des motifs plus graves de considération et d'estime ont aussi des droits à notre attention et à nos éloges.

L'administration d'une famille nombreuse confiée à ses soins dès son entrée dans le monde, la part qu'il avait eue aux discussions des grands objets politiques, les observations qu'il avait pu faire dans les différens lieux de son exil et chez les différens peuples qu'il avait vus, lui avaient donné une grande connaissance des affaires, et ce qui est bien plus important encore, la connaissance des hommes. Dans les discussions d'intérêt général, sa sagacité naturelle lui révélait au premier coup-d'œil toutes les difficultés d'une chose, et sa parfaite candeur disposait de la manière la plus favorable tous ceux qui avaient à traiter avec lui. L'Eglise avait de grandes réclamations à faire; jamais rien d'injuste ou de déraisonnable ne put être reproché aux demandes de M. l'évêque d'Orléans; elles étaient toujours en mesure avec ses devoirs, toujours en harmonie avec la nature des circonstances. Jamais elles n'excitèrent le désagrément d'une dissension sérieuse, et jamais il n'éprouva celui d'un refus (8).

Dans les transactions particulières il était souvent consulté. Il saisissait avec justesse toute l'étendue d'une question; il savait combien le choc des intérêts personnels, les irritations de l'amour-propre, les suggestions des conseils mercenaires, jetaient d'aigreur, d'animosité, de défiance dans les contestations litigieuses. Son système était de prévenir, dès le principe, par des concessions volontaires, le danger de mettre le public dans de pareilles confidences; et nous avons vu les tribunaux ratifier d'eux-mêmes, par leurs décisions, des traités dont il avait donné la première idée.

L'amour et la pratique de toutes les vertus, l'esprit d'ordre et de justice qui dirigeaient toutes les pensées, toutes les actions de M. l'évêque d'Orléans, l'avaient formé dès longtemps à cette partie morale et religieuse de l'administration dont il était chargé. Vous savez, Messieurs, combien la révolution avait corrompu les principes et les mœurs dans toutes les classes de la société; le sanctuaire lui-même n'avait pas été exempt de la contagion; les autorités qui avaient précédé M. l'évêque d'Orléans n'avaient pas été suffisantes pour détruire des erreurs dangereuses ou punir quelques écarts, assez rares cependant, qui réclamaient encore toute la justice d'une salutaire sévérité. Mais il pensait, comme saint Grégoire-le-Grand, *qu'il faut toucher doucement les plaies avec la main, avant d'y porter le fer.* Des exhortations paternelles précédèrent toujours une punition inévitable, et lui ôtèrent l'inconvénient d'un fâcheux éclat. M. l'évêque d'Orléans inspirait un tel respect, un tel attachement, que la crainte de lui déplaire ou le repentir allaient même au-devant du châtiment. Un simple nuage de mécontentement sur ce front si calme d'ordinaire, si serein, si bienveillant, produisait tout l'effet d'une condamnation absolue. Le parti d'une retraite volontaire ménagea toujours la honte du coupable, et ne compromit jamais les droits de l'autorité.

M. l'évêque d'Orléans savait très bien que,

dans les circonstances difficiles où nous vi-
vons, ce n'étaient pas des actes de rigueur qui
pouvaient amener une régénération parfaite,
et qu'il fallait l'attendre du temps, et surtout
du rétablissement des saines doctrines. C'est
pour cette raison que vous l'avez vu attacher
ses soins les plus tendres, sa sollicitude la plus
active, ses bienfaits les plus considérables (9)
à ce séminaire, où déjà le zèle généreux et
infatigable d'un respectable directeur avait
élevé, même pendant les orages d'une révolution impie, des sujets dignes de coopérer
à l'entreprise immense d'une réforme univer-
selle. Les choix de M. l'évêque d'Orléans ont
déjà été justifiés par de nombreux succès, et
sans doute ces jeunes ecclésiastiques ne dé-
mentiront jamais les espérances qu'ils ont
données à leur bienfaiteur, et la reconnaissance qu'ils doivent à sa mémoire.

C'est à une religion à-la-fois sublime et
tendre qu'il appartient de produire dans les
âmes ardentes cette passion, cet enthousiasme
du bien, qui est pour elles un véritable bonheur, un ressort nécessaire de leur existence.
Telle fut l'âme de Fénélon, telle était celle
de M. de Varicourt; il n'y eut pas un jour de
sa vie, pas un moment peut-être de son som-

meil (10), où le projet d'une institution utile, où le besoin de faire des heureux, ne tourmentât, pour ainsi dire, sa pensée en lui présentant la possibilité du bien, et ne le fît voler à l'accomplissement du bienfait. Vous le voyez, Messieurs, c'est là ce principe sacré d'amour et de bienfaisance, presqu'entièrement ignoré des philosophes anciens, qui ne connaissaient pas les droits du pauvre, parce qu'ils ne connaissaient que des esclaves; mal défini encore par les philosophes modernes, qui ne conçoivent ni les mérites d'une humilité profonde, ni les abnégations absolues de l'intérêt personnel; ce lien de fraternité qui unit tous les hommes sur la surface du globe; cette charité, enfin, qu'il faut adorer comme une émanation de la sublime essence, et qu'il faut bénir encore comme la perfection des vertus humaines.

Nous pouvons le dire sans flatterie, cette perfection est le trait caractéristique de M. l'évêque d'Orléans; nul ne la posséda dans un degré plus éminent. Mais nous craindrions le reproche d'un oubli involontaire, si nous entreprenions d'énumérer tous les actes de bonté, toutes les consolations, toutes les grâces qu'il répandait non-seulement autour

de lui, mais encore dans ces visites pasto-
rales (11), où les jours tout entiers, sans
aucun moment de repos , suffisaient à peine
aux forces du digne prélat pour répondre
au zèle d'une multitude de fidèles si avides
de le voir, de l'entendre, d'en être touchés ;
où les nuits n'étaient que l'intervalle indis-
pensable pour changer de lieu, pour recommencer les mêmes travaux, et courir même
quelquefois de véritables dangers (12). Hélas!
Messieurs, au moment où nous vous parlons
ici, à peine un an est-il révolu, depuis la dernière de ces pieuses et touchantes solennités,
bientôt un voile de deuil a remplacé les fleurs
de fête dont les autels étaient parés; des chants
funèbres ont succédé aux accens d'une pure et
vive allégresse. Ah! du moins ceux d'une
immortelle reconnaissance survivront à toutes
les douleurs; ils consacreront dans toutes les
cités, dans le moindre hameau du diocèse
d'Orléans, le jour, le beau jour où chaque
habitant vit son évêque (13) « répandant sur
» l'innocence conservée ou recouvrée les
» dons de l'Esprit-Saint; avec quelle joie,
» avec quel respect il fut reçu par les anges
» conducteurs des églises au milieu des ac-
» clamations des peuples! Comme les regards

» se portaient sur lui! comme on se pressait
» sur ses pas! comme on recueillait ses moin-
» dres paroles! Il était l'entretien de toutes
» les familles, on admirait tant de bonté unie
» à tant de dignité, et tous retrouvaient en
» lui un pasteur et un père. »

Pourquoi faut-il que nous ayons été réser-
vés à voir interrompre le cours d'une si belle
vie? Pourquoi sommes-nous obligés de rou-
vrir en ce moment la source de vos larmes?
La Providence nous a retiré un grand bienfait, mais elle nous a laissé de grandes consolations dans nos souvenirs.

Depuis quelque temps, et surtout depuis
les fatigues de sa dernière visite diocésaine,
la santé de M. l'évêque d'Orléans s'altérait
d'une manière affligeante; son air languissant,
son teint abattu et plus décoloré chaque jour,
annonçaient une débilitation réelle dans les
principaux organes de la vie (14). Le 16 octobre 1822, jour du service anniversaire de
la Reine, il parut pour la dernière fois dans
les fonctions épiscopales; ce fut aux mânes de
cette princesse qu'il sembla avoir *réservé*,
comme l'immortel évêque de Meaux au grand
Condé, *les restes d'une voix qui tombe et
d'une ardeur qui s'éteint.* Et remarquez,

Messieurs, quel rapprochement d'événemens et de personnes la Providence a ménagé dans la destinée de MM. de Varicourt : le fidéle et courageux garde-du-corps meurt à son poste le 6 octobre 1789, en sauvant les jours de sa souveraine, immolée elle-même quatre ans après dans le cours du même mois; c'est au bout de trente ans, à la même époque, que le pontife consacre à ces lamentables souvenirs son dernier devoir religieux, jusqu'à son dernier soupir; et c'est ainsi que l'honneur d'expirer au pied du trône semble appartenir aux deux nobles frères comme un apanage de famille.

M. l'évêque d'Orleans ne se dissimula pas à lui-même le danger de son état : dès le 29 octobre 1822, il s'occupa de mettre ordre à ses affaires temporelles, par un testament rempli d'actes de bienfaisance et de justice, et l'instant d'après il traça dans un écrit que la piété et la reconnaissance de son clergé ont rendu public, ces adieux religieux et touchans qui le peignent tout entier aux yeux de Dieu et des hommes (15).

C'est ainsi qu'il se prépare en héros, mais en héros chrétien, à la lutte terrible qu'il va soutenir. Il avait besoin d'une force surnaturelle pour résister à des douleurs étrangères même à celles qui le consumaient. Au milieu des souffrances aiguës d'un mal qui faisait chaque jour des progrès effrayans, il apprend la mort d'une sœur chérie (16), frappée au moment même où elle accourait pour le secourir et le consoler. Son âme est brisée, ses larmes coulent; mais le ciel, qu'il implore, le soutient et le ranime, en acceptant l'offrande de ce nouveau sacrifice.

Tout fut admirable et touchant dans la mort de M. l'évêque d'Orléans. Les écrivains religieux qui l'approchèrent plus souvent et de plus près, ont recueilli avant nous les traits mémorables de ces derniers instans, qui ont laissé des impressions si vives et si profondes dans nos cœurs et dans nos esprits (17). Et nous aussi, Messieurs, nous pouvons unir nos voix profanes à leurs voix éloquentes; nous étions aussi autour de ce lit funèbre, lorsque le vertueux prélat reçut solennellement *le pain des anges*, dont il allait bientôt partager la gloire et l'immortalité (21 novembre). Nous n'eûmes point à gémir du triste spectacle d'une dissolution pénible ; nous ne vîmes que des actes de piété et de courage; nous n'entendîmes que des paroles de douceur et de bonté ; nous reconnûmes, en l'adorant, la puissance et les bienfaits de cette religion toute divine, qui, dans ces momens suprêmes, élève un simple mortel au-dessus des faiblesses et des infirmités humaines. Mais qui pourra peindre notre douleur, lorsqu'au milieu de ces ravissemens ineffables, nous contemplions cet être parfait, qui bientôt ne devait plus être qu'une ombre inanimée; lorsque nous attachâmes nos lèvres respectueuses sur cette main défaillante dont nous venions d'être bénis? Jamais il ne nous aima davantage; jamais ses expressions ne furent plus affectueuses, plus pénétrantes. Il prenait de nouvelles forces pour consoler les amis qu'il laissait sur la terre; sa voix était plus solennelle, plus éclatante à mesure qu'il s'élevait au ciel qui l'appelait à lui.

Le 2 décembre, il reçut les derniers secours de l'Eglise. Nous fûmes encore admis en sa présence. Déjà ses organes commençaient à s'éteindre successivement; une cécité absolue nous dérobait à ses regards; mais il pouvait encore nous entendre; il entendait jusqu'à nos pleurs, qui rendaient nos voix tremblantes et nos paroles mal articulées. Voyez comme il s'empresse de partager avec nous les dons qu'il vient de recevoir, les dons cé-

lestes de ce sacrement, *dont les onctions adoucissent les amertumes de la mort.* « Dieu
» m'a fait bien des grâces, nous disait-il, je
» le bénis de m'avoir placé au milieu de vous;
» vous perdez en moi un ami sincère, et je
» sens tout le prix de l'attachement que vous
» n'avez cessé de me témoigner.... Aidez-moi
» de vos prières, j'y ai la plus grande con-
» fiance.... Je vous donne par reconnaissance
» et de tout mon cœur ma bénédiction.....
» Adieu, Messieurs, ajouta-t-il, je ne vous
» vois plus, mes yeux sont voilés; mais mon
» cœur vous distingue tous (18). »

Son existence se prolongea encore quelques jours. Son fidèle clergé le veillait sans cesse. Le respectable supérieur du séminaire offrait de passer encore une nuit.... qui devait, hélas! être la dernière. « Non, mon
» cher Supérieur, lui dit-il, vous avez besoin
» de repos; retournez chez vous, je vous en
» conjure : *Eh! n'étes-vous pas toujours*
» *ici?* »

Recueillons avec un soin religieux ces derniers mots, ce dernier souffle d'une âme si belle, si aimante, si généreuse. En nous abandonnant à cette illusion consolante, qui rend sensible la présence de tout ce que nous avions de plus cher au monde, adressons à celui qui nous a promis d'être sans cesse avec nous, adressons-lui à notre tour, dans les effusions de notre attachement immortel, ces douces paroles de sa voix expirante: *Eh! n'étes-vous pas toujours ici?* Non, Messieurs, nous ne sommes point séparés de notre incomparable ami (qu'il nous soit permis de l'appeler de ce nom); *il est toujours ici;* sa cendre y repose, les monumens de ses bonnes œuvres s'élèvent sous nos yeux ; ses vertus, ses bienfaits vivent dans nos plus religieux, dans nos plus tendres souvenirs. *Il est encore ici* dans la personne du digne prélat qui nous a été donné tel que ses vœux le demandaient au ciel pour le remplacer, et qui déjà nous est cher par des traits de ressemblance avec son bien-aimé prédécesseur. Comme lui, il fut martyr de la cause religieuse; comme lui, il avait dans la garde du trône un frère qui a péri également victime de la cause royale; comme lui, enfin, après avoir refusé les faveurs d'un gouvernement illégitime, il a mérité par son courage, par ses lumières, par ses vertus, d'être élevé des fonctions de simple pasteur à la dignité de l'épiscopat, et nous le verrons, nous le voyons déjà recommencer celui que nous avons perdu.

Qui pourrait méconnaître, dans la chaîne de ces événemens, la main toute-puissante d'une protection divine qui veille d'une manière spéciale sur l'église d'Orléans? Elle veut que sa gloire se conserve pure et se rattache à tous les temps, malgré la distance des siècles et la perversité des hommes. Dès l'établissement de la religion chrétienne dans la Gaule asservie, avant même la fondation de la monarchie française, les Euverte, les Aignan ont apporté à nos ancêtres la foi, la justice, les mœurs et la paix, au milieu des troubles de l'hérésie et des ravages des Barbares. Au bout de quinze cents ans, après des atteintes non moins funestes portées à la religion, après la fuite d'un autre Attila, Orléans se glorifie de posséder aujourd'hui dans son sein de dignes successeurs de ces grands évêques qui apparaissent comme des astres riches de lumières et de bienfaits sur la France régénérée.

NOTES

ET PIÈCES JUSTIFICATIVES.

----

(1) La maison de *Viry*, en Savoie, était alliée aux Varicourt. Gilberte-Prosper Deprés, fille du seigneur de Brassier, syndic de la noblesse du pays de Gex, était la mère de M. l'évêque d'Orléans.

(2) De cette nombreuse famille, il ne reste plus que trois personnes, savoir : M. Gabriel de Varicourt, chevalier de Saint-Louis, ancien garde-du-corps, habitant la ville de Gex, avec une de ses sœurs, qui n'a jamais été mariée ; et M. le baron Lambert de Varicourt, chambellan du roi de Bavière, qui vit, avec ses trois fils, à la cour de Munich.

(3) Voltaire avait recommandé le jeune abbé de Varicourt à Madame de Saint-Julien. (Lettre du 20 décembre 1775, de la *Correspondance générale*, tome XVI de l'édition in - 12.) Il ne parle dans sa lettre que de la beauté du jeune homme et de sa pauvreté. C'est à une dame qu'il écrit, et l'on sait que, dans le monde, la figure d'un aspirant à une place quelconque était un

(31)

puissant moyen de succès. Lorsque celui-ci eut
obtenu un de ses premiers bénéfices, Voltaire l'appelait, dans sa société intime, *Apollon pasteur*.
Cependant toutes ces légèretés apparentes n'empê-
chaient pas le philosophe d'avoir le plus grand respect pour les opinions religieuses de ses honorables
voisins. Jamais il ne se permettait en leur présence
les sarcasmes impies qui ont si souvent déshonoré
ses ouvrages. C'est une justice que M. l'Évêque
d'Orléans n'a cessé de lui rendre. Depuis la mort
de Voltaire, le jeune pasteur était revenu quelquefois au château de Ferney. Il racontait, comme une
particularité assez piquante, qu'il avait écrit quelques-uns de ses prônes sur ce même bureau où
l'on avait autrefois tracé les pages impies du *Dic-
tionnaire philosophique* et les vers blasphéma-
teurs de l'*Épître à Uranie*.

Le marquis de Villette vit chez Voltaire Made-
moiselle de Varicourt, l'aima et lui donna, en l'é-
pousant, une grande fortune. Elle n'avait rien que
de la beauté, de la naissance, de l'esprit et des
vertus. C'était une dot immense pour un homme
sensé. Voltaire célébra cette union avec la grâce
qu'il mettait à tout. (Voyez sa lettre à M. Delisle de
Salles, tome xvi de la *Correspondance générale*.)
Il l'appela *Belle et Bonne*, et ce n'était ni une épi-
gramme ni une flatterie.

(4) Quelques jours après la prise de la Bastille,
l'Assemblée constituante envoya à Paris, et dans

tous les environs, des députations pour appaiser les mouvemens du peuple, exaspéré par les inquiétu-des de la famine, que les révolutionnaires avaient perfidement exagérées. Les députés furent souvent exposés aux soupçons et même aux outrages de la populace, qui les regardait comme des traîtres. Le curé de Gex sauva ses collègues des dangers qui les menaçaient, par son courage, son sang-froid, et cette douceur persuasive qui se peint sur une physionomie aimable, et qui naît du calme de la conscience. Mais, sur tous ces faits, nous sommes obligés de renvoyer aux mémoires du temps, parce que les collègues de M. de Varicourt, dont quelques-uns vivent encore, montrèrent une fai-blesse sur laquelle il est au moins inutile de reve-nir ici.

(5) On se rappelle que, dans cette nuit fatale, François de Varicourt occupait le poste qui fut at-taqué le premier par les brigands. Sa valeureuse ré-sistance avertit tout le château du danger, et donna à la Reine le temps de se réfugier chez le Roi avec ses enfans.

Voici la protestation faite par la famille de Vari-court, au sujet de ce déplorable événement :

« Depuis le jour affreux où notre frère a perdu
» la vie, treize mois se sont écoulés et n'ont ap-
» porté aucun changement à notre douleur. Son
» trépas, il est vrai, fut honorable, parce qu'il est
» mort pour la défense de son Roi et de son au-

» .guste épouse ; que son nom est devenu cher à
» tous les Français ; que ce nom est pour nous un
» titre de gloire et un nouveau motif de fidélité en-
» vers notre souverain, qui nous verra toujours
» prêts à répandre notre sang pour son service.
» Mais notre frère massacré par de vils assassins,
» qui ont outragé son cadavre et porté sa tête au
» bout d'une pique, nous impose le devoir de pour-
» suivre leur supplice, ainsi que celui des hom-
» mes atroces qui ont égaré le peuple et armé les
» brigands. Long-temps nous avons cru que les re-
» cherches commencées par le Châtelet condui-
» raient à la punition des coupables ; mais une au-
» torité, dont on ne peut contester la force, a sus-
» pendu le cours d'une procédure qu'il était égale-
» ment de son honneur et de son devoir de proté-
» ger et de suivre. Nous n'avons cependant pas
» perdu toute espérance. Un jour, sans doute,
» l'honneur français sera lavé d'une tache aussi
» flétrissante que le serait l'impunité de ces crimes.
» Nous déclarons donc protester solennellement
» contre cette impunité. Nous faisons la réserve la
» plus expresse de poursuivre devant les tribunaux,
» dès que l'honneur et les lois auront repris leur
» empire, les meurtriers de notre frère, ainsi que
» tous ceux qui, par leurs intrigues, auraient con-
» tribué à son assassinat. Nous protestons de ne
» négliger aucun soin pour rassembler toutes les
» preuves, et réunir toutes les lumières pour obte-
» nir justice.

» Le présent acte, déposé chez un officier public,

» constatera notre engagement, et nous assurera
» pour toujours l'exercice de nos droits. »

Signés, ROUPH DE VARICOURT, *curé de Gex, et député à l'Assemblée nationale;*

ÉTIENNE DE VARICOURT, GABRIEL DE VARI-
COURT, *Garde-du-Corps du Roi;*

LAMBERT DE VARICOURT, *Lieutenant au
corps royal du Génie;*

LOUIS DE VARICOURT, *Garde-du-corps du
Roi;*

MARIN DE VARICOURT, *Sous-Lieutenant au
régiment royal de Deux-Ponts.*

(6) *Copie de la pétition présentée à l'Assemblée
nationale, en faveur de M. DE VARICOURT, leur
pasteur, par les habitans de Gex.*

« Les habitans de la ville de Gex, dans la crainte
» de perdre M. de Varicourt, leur pasteur, sup-
» plient Messieurs de l'Assemblée nationale, non
» seulement de lui permettre, mais de lui ordon-
» ner de rester dans sa cure, et que nulle proposi-
» tion, nul refus de serment, ne puissent les pri-
» ver de leur pasteur; les assurant qu'ils regarde-
» raient comme bien malheureux quiconque ose-
» rait prendre sa place, tant il est aimé de ses pa-
» roissiens. Ces Messieurs voudront bien avoir
» égard à leurs vœux, et donner les ordres les plus
» prompts pour les tirer de leur incertitude. Ils les
» supplient de se souvenir que c'est un Varicourt

» qu'ils réclament, et celui-ci est aussi zélé, aussi
» charitable que son frère fut brave. »

Suivent les signatures.

(7) On aurait tort de chercher, dans les mots
qu'on a pu retenir de M. l'évêque d'Orléans, ces
traits brillans qui frappent, et qu'on aime à citer, parce qu'ils peuvent convenir à toutes les circonstances. Son esprit était dans son cœur. Une
sensibilité vive et prompte, une douceur, une obli-
geance parfaites, lui dictaient, à l'instant même,
tout ce qu'il y avait de mieux à dire ou à répondre
à la personne qui lui parlait. Il faut d'ailleurs avoir
connu toute la grâce de ses manières pour bien
saisir le charme de ses paroles. Chacun a retenu la
sienne, et tout autre n'y mettrait peut-être pas le
même prix. Il faut donc être sobre de citations,
elles auraient l'air de se ressembler toutes : une
seule suffira, parce qu'elle est une des prem.eres
qui signala son début dans la place qu'il occupait.

M. l'évêque d'Orléans ne manqua point de visi-
ter l'hôpital aussitôt après son intronisation. Un
ecclésiastique respectable, vieux et infirme, retiré
dans cette maison, reçut l'évêque dans sa cham-
bre et ne put le reconduire : « Vous le voyez, Mon-
» seigneur, lui dit-il, mes jambes me refusent le
» service, mais mon cœur vous suit. — Et le mien,
» Monsieur, reste avec vous, » lui répondit sur-le-
champ le prélat. Nous le répétons, il n'y a rien
d'extraordinaire dans ces paroles ; mais elles furent

saisies à l'instant, et l'on aime à se rappeler une première impression, qui ne fit plus que s'accroître par une foule de traits du même genre.

Il ne faut pas croire cependant que cette extrême bonté le rendît indifférent, en certaines occasions, à ces convenances délicates qu'il savait si bien observer vis-à-vis des autres, et qu'il avait bien le droit d'exiger à son tour. Dans une des premières visites qu'il reçut à Orléans, quelqu'un s'avisa assez légèrement de lui demander des nouvelles de *Belle et Bonne.* Cette familiarité pouvait avoir quelque chose de choquant, et d'ailleurs il était peu adroit de parler de la beauté d'une femme qui devait avoir plus de soixante ans. L'évêque sentit toutes ces gaucheries; il répondit sur-le-champ au questionneur : « Monsieur, il n'en reste plus que » la moitié. » Était-ce une leçon ? n'était-ce qu'un badinage? on peut l'interpréter diversement ; mais, à coup sûr, c'était tout ce qu'il pouvait y avoir de plus décent et de plus spirituel dans la circonstance.

(8) L'achèvement de la cathédrale et la restauration du séminaire pourront dater de l'épiscopat de M. de Varicourt. Ses prédécesseurs en avaient formé le dessein ; il eut la gloire d'y réussir, en y intéressant le zèle d'un excellent administrateur, M. le vicomte de Riccé, préfet du Loiret, qui se fit un devoir et un bonheur de seconder ses pieuses intentions.

tament, une somme de 18,000 fr. au séminaire
Il lui a également légué son cœur. Le supérieur,
M. l'abbé Mérault, qui avait déjà avancé une somme de 2000 francs pour la réparation et l'ornement
du trône épiscopal, en ayant été remboursé depuis,
l'a employée de nouveau pour placer dans la chapelle du séminaire ce précieux dépôt, d'une manière digne de l'auteur du bienfait et de ceux qui
l'ont reçu. C'est ainsi que la même libéralité, consacrée au trône et au mausolée, atteste doublement
le respect et la reconnaissance, et ce serait une
grande injustice que de ne pas applaudir au moyen
noble et ingénieux d'honorer ainsi la vie et la mort
de M. l'évêque d'Orléans.

Voici l'inscription dont l'urne funéraire sera
revêtue :

« Ici repose, selon son voeu, au milieu de ses enfans,
» le coeur de M. de Varicourt, évêque d'Orléans,
» mort le 9 décembre 1822. »

Hic habitabo, quoniam elegi eam.
Ps. 131.

(10) « Son sommeil même était troublé par sa
pieuse sollicitude. » Telles sont les propres expressions du mandement de MM. les vicaires-généraux,
en date du 11 décembre, peu de jours après le dé-
cés de M. l'évêque d'Orléans. Deux éditions de cet
excellent modèle d'élévation et de sensibilité ont à
peine suffi aux vœux du public. L'Oraison funèbre

prononcée le 51 janvier 1825, a obtenu également un grand succès; il était dans la destinée de M. l'évêque d'Orléans d'inspirer des pensées et des expressions d'autant plus sûres d'être applaudies qu'elles trouvaient des intelligences dans tous les cœurs. Comment pouvait-il en être autrement? sa bienfaisance atteignait tous les individus, et s'exerçait dans tous les lieux, dans tous les momens, et avec un discernement auquel il est impossible de refuser son admiration. Dans tous ces actes de générosité si justement célébrés par le mandement que nous venons de citer, nous distinguerons particulièrement celui qui est relatif au père de famille libéré par les secours du digne prélat, et qui l'accompagna à son entrée dans le palais épiscopal. Les anciens évêques d'Orléans avaient le privilége, en arrivant dans la ville, de délivrer des prisonniers de toute espèce, même des malfaiteurs condamnés en justice. Ce droit avait été aboli, avec juste raison, vers le milieu du siècle dernier. M. de Paris fut le dernier qui en fit usage en 1747. Il y avait cependant une idée si grande, si charitable dans cette institution, que M. de Varicourt crut devoir en retracer l'image par une action particulière qui rappelât cette glorieuse prérogative des évêques d'Orléans. Il serait difficile de réunir d'une manière plus noble et plus généreuse tous les genres de convenance et de bonté.

(11) L'évêque de Blois n'étant pas encore nommé en 1822, M. l'évêque d'Orléans fut obligé d'aller

donner la confirmation dans les deux diocèses : celui d'Orléans occupa ses premiers soins, et fut visité en entier ; le diocèse de Blois le fut à son tour, à l'exception de l'arrondissement de Vendôme, qui devait l'être en 1823.

(12) En quittant *Bracieux*, dans l'arrondissement de Romorantin, pour aller à Marcheval, la voiture de M. l'évêque d'Orléans versa pendant la nuit dans le village de *Vernou*. L'évêque ne fut point blessé, grâce à la présence d'esprit de M. l'abbé Coquelle, l'un de ses chanoines, qui l'accompagnait, et souffrit quelque temps lui-même des efforts qu'il avait faits pour le sauver.

(13) Ce sont les propres expressions du mandement de MM. les vicaires-généraux.

(14) Depuis long-temps, et malgré le régime le plus sévère, les digestions étaient très pénibles : c'était la suite d'une altération organique de l'estomac, contre laquelle tous les efforts de l'art devaient échouer. A la fin, les alimens les plus légers ne pouvant plus passer, le malade éprouvait des vomissemens déchirans. La maladie dura six semaines, et ne fut qu'une longue suite de souffrances et d'affaiblissemens qui amenèrent la dernière catastrophe.

(15) Cet écrit trop peu répandu était conçu dans

les termes que voici, et qu'il nous paraît essentiel
de retracer.

Adieux de Monseigneur Pierre-Marin Rouph de
Varicourt, *évêque d'Orléans, à son clergé.*

« Venant de mettre ordre à mes affaires tempo-
» relles, j'éprouve le besoin d'exprimer, dans ce
» moment imposant, un sentiment qui m'est cher;
» c'est celui de mon tendre attachement pour mes-
» sieurs les grands-vicaires, les chanoines, ainsi
» que messieurs les curés et autres ecclésiastiques
» de cette ville, enfin pour tout mon clergé; de même
» que celui de ma sensibilité à ce même attache-
» ment qu'ils n'ont cessé eux-mêmes de me témoi-
» gner d'une manière si touchante pendant le peu
» de temps que Dieu m'a laissé à la tête de ce dio-
» cèse. Je regrette de n'avoir pas fait tout le bien
» que j'aurais pu faire par eux et avec eux : mon
» successeur sera plus heureux; il saura mieux se-
» conder leurs efforts, mais il ne saurait les aimer
» ni les estimer davantage. Au reste, je ne me sépare
» point d'eux ; si Dieu me reçoit dans sa miséricorde,
» ce que je les conjure de lui demander avec instan-
» ce, je ne cesserai de les aider de mes prières pour
» assurer leurs succès, et ranimer dans tous les
» cœurs l'amour de la religion et l'amour du Roi.
» Tel a été constamment l'objet de mes vœux et de
» mes efforts quand j'ai été au milieu d'eux, tel
» sera toujours celui de mes sollicitations et de mes
» prières, quand mon Dieu m'aura appelé à lui;

» ils ne m'oublieront pas dans leurs prières, et sur-
» soul dans leurs saints sacrifices, et ils reconnaî-
» tront ainsi le sentiment que j'éprouve, dans ce
» moment même, pour eux, ainsi que pour tous
» mes diocésains, et dont mes maux sont soulagés
» en leur donnant cette dernière assurance.

» Orléans, 29 octobre 1822.

» Signé, † PIERRE-MARIN,
» *Évêque d'Orléans.* »

Et au dos est écrit :

« Papier que mes héritiers remettront à M l'abbé
» MÉRAULT, qui prendra ensuite lui-même les
» moyens de faire connaître ce qu'il contient, et
» satisfaire ainsi mon cœur, où il sait bien qu'il
» occupe une place toute particulière. »

(16) Madame de Villette mourut à Paris, le 14
novembre, à-peu-près de la même maladie que son
frère ; mais elle fut enlevée dans l'espace d'une se-
maine. Elle devait partir pour Orléans le jour même
où elle tomba malade. Elle eut du moins les tendres
soins de son fils pour consolation dans ses derniers
momens. Le chapitre fit célébrer un service solen-
nel pour la sœur du digne évêque qui allait bientôt
la suivre.

(17) Toutes les personnes religieuses, tous les
amis du digne évêque, et le nombre en était infini,
se firent un devoir d'assister à cette pieuse céré-

monie ; chacun s'empressa de recueillir ses paroles si édifiantes, si touchantes qui accompagnèrent ses derniers momens. Quoiqu'elles aient déjà été tracées dans le mandement de MM. les vicaires-généraux, on nous a invités à les reproduire ici, au moins en grande partie, et nous pensons qu'on nous saura gré de ce nouvel hommage à la mémoire de celui qui est l'objet de nos regrets éternels.

Sensible aux témoignages d'attachement qu'on lui prodiguait en ce moment, il nous disait : « Il » me serait difficile de vous rendre les consolations » que j'éprouve ; il me semble voir autour de moi » un diocèse entier élevant ses mains vers le ciel, » et sollicitant les grâces dont j'ai besoin. »

Il entendait les prières des jeunes élèves du sanctuaire, et il disait : « Je suis un père qui aime à être environné de ses enfans, qui partagent ses senti-» mens religieux. »

On faisait des vœux pour sa conservation, et il répondait : « Non, Messieurs, je ne refuse point le » travail, et si Dieu me juge utile au bien des peu-» ples qu'il m'a confiés, j'accepte la vie.... La sen-» sibilité que j'éprouve n'a d'autre cause que les » regrets de me séparer de vous ; mais que dis-je ? » nous ne serons point séparés ; je vivrai dans votre » souvenir, et si Dieu daigne me faire miséricorde, » je ne cesserai de prier pour l'église d'Orléans. » Quant à ma bénédiction, que vous me demandez, » je vous la donnerai, c'est un besoin pour mon » cœur, et peut-être la dernière marque de mon » attachement pour mon clergé ; mais ce ne sera

» que quand je me serai recueilli, et quand j'aurai
» satisfait à ce grand acte de religion qui doit m'oc-
» cuper dans des momens si précieux. »

Après avoir reçu le St.-Viatique : « Je meurs, Mes-
» sieurs, reprit-il, dans le sein de l'Église catho-
» lique, apostolique et romaine ; je meurs dans l'o -
» béissance au Saint - Siége et à ses décisions ;
» je meurs soumis à Dieu et dévoué au Roi et
» à son auguste Famille ; je meurs votre ami ; je
» meurs en implorant les grandes miséricordes du
» Seigneur pour mon clergé, pour mon séminaire,
» et particulièrement pour ceux qui vont recevoir
» les ordres sacrés. Vous m'avez demandé ma bé-
» nédiction, je vous la donne avec attendrissement.
» O mon Dieu! Dieu tout puissant! répandez vos
» grâces et vos bénédictions les plus abondantes sur
» ce troupeau qui fut toujours l'objet de ma sollici-
» tude! ô mon Dieu! bénissez mon clergé, et n'ou-
» bliez pas l'objet de ma tendresse, mon séminaire,
» cette portion chérie que j'ai tant affectionnée.
» Agréez, ô mon Dieu, les ferventes prières que je
» vous fais aujourd'hui, d'envoyer à votre peuple
» un pasteur selon votre cœur, rempli de zèle pour
» votre gloire, et qui seconde mieux que moi les
» efforts d'un clergé si appliqué à faire connaître
» votre sainte doctrine. »

On se retirait pénétré d'admiration et d'attendrissement ; le prélat mourant ajouta, en s'adressant à
ceux qui exercent le saint ministère : « Messieurs,
» dites bien au peuple que le jour où on a le bon-
» heur de recevoir les derniers sacremens n'est point

» un jour de fatigue et de tristesse, c'est plutôt le
» jour des consolations. »

Le jour où il reçut l'Extrême-Onction il disait encore : « J'emporte le regret de n'avoir pas fait
» tout le bien que je devais faire, j'en demande
» pardon à Dieu; et si la divine miséricorde me
» rappelle à la santé, je m'efforcerai avec la grâce
» de Dieu, de vivre plus pour la vertu que je n'ai
» fait jusqu'ici. Pardonnez-moi les scandales que
» j'ai pu donner, et ne me refusez pas le secours
» de vos prières, etc. »

(18) Ce sont les propres expressions du mandement précité.

(19) M. Brumauld de Beauregard, évêque actuel
d'Orléans, était curé et grand-vicaire à Luçon,
avant la révolution; depuis la restauration il a été
revêtu des mêmes dignités à Poitiers. Il fut déporté
à Cayenne avec d'autres ecclésiastiques persécu-
tés comme lui par le Directoire. Un de ses frères
servait dans les gardes - du - corps et se trouvait
près de M. de Savonnière lorsque celui-ci fut blessé
à la grille du château de Versailles, dans une émeute
populaire. Il était de poste, avec François de Varicourt, à l'appartement de la Reine, dans la fatale
nuit du 6 octobre. Il échappa alors au massacre,
émigra, et périt depuis à Quiberon. On avait offert
l'épiscopat à M. de Beauregard, sous le gouvernement consulaire; il l'avait refusé, ainsi que M. de
Varicourt.

EPITAPHE DE M. L'ÉVÊQUE D'ORLÉANS.

M. de Varicourt avait désiré être inhumé dans la chapelle de saint François de Sales, auquel il avait voué une prédilection particulière, et qu'il se proposa toujours pour modèle à cause de la conformité de vertu et de caractère qui existait entre eux. Ses deux frères et sa sœur, qui lui ont survécu, ont décoré son tombeau de l'épitaphe suivante :

P. M. ROUPH DE VARICOURT EPIS. AUR.

PIETATE ZELO ET MANSUETUDINE ALTER SALESIUS

RELIGIONIS DIOECESÆ SUÆ LAUS ATQUE DECUS

IN SEMINARIUM CUJUS ÆDES A REGE OMNI OPERA RECUPERAVERAT

MUNIFICENTISSIMUS

TRIENNUM EPISCOPATUM HEU BREVIOREM ANNIS

SED OPERIBUS AMPLISSIMUM

MORTE SANCTORUM PRETIOSA CORONAVIT

DIE IX. DECEMBRIS ANNO 1822 ÆTATIS VERO 67.

PRÆSULI IN ÆTERNUM LUGENDO

HOCCE PIGNUS AMORIS FRATERNI

UNA CUM GAB. EQUITE

ET M. ANNA DE VARICOURT

POSUIT

J. LAMB. FID. AMAB. LIB. BARO DE VARICOURT

EQUES ORDINIS SANCTI LUD.

REGIS BAVARIÆ CUBICULARIUS NOBILIS

ET CONSILIARIUS INTIMUS

M. l'abbé de Rochas, chanoine honoraire, est
auteur de ces vers destinés pour le portrait de
M. l'évêque d'Orléans :

« De son clergé nombreux le père et le modèle,
    » Il sut, par sa grande bonté,
    » Qui toujours tempéra son zèle,
» Soumettre tous les cœurs à son autorité. »